BEI GRIN MACHT SICH WISSEN BEZAHLT

- Wir veröffentlichen Ihre Hausarbeit, Bachelor- und Masterarbeit

- Ihr eigenes eBook und Buch - weltweit in allen wichtigen Shops

- Verdienen Sie an jedem Verkauf

Jetzt bei www.GRIN.com hochladen und kostenlos publizieren

Bibliografische Information der Deutschen Nationalbibliothek:

Die Deutsche Bibliothek verzeichnet diese Publikation in der Deutschen National-
bibliografie; detaillierte bibliografische Daten sind im Internet über http://dnb.d-
nb.de/ abrufbar.

Impressum:

Copyright © 2009 GRIN Verlag, Open Publishing GmbH
Druck und Bindung: Books on Demand GmbH, Norderstedt Germany
ISBN: 978-3-668-04732-7

Dieses Buch bei GRIN:

http://www.grin.com/de/e-book/306691/erzaehlen-im-spiegel-stimme-und-zeit-in-
ilse-aichingers-spiegelgeschichte

Alexander Bauerkämper

Erzählen im Spiegel. 'Stimme' und 'Zeit' in Ilse Aichingers "Spiegelgeschichte"

GRIN Verlag

Freie Universität Berlin

Institut für Deutsche und Niederländische Philologie

Sommersemester 2009

Seminar: „Erzähltheorie"

Erzählen im Spiegel

Stimme und *Zeit* in Ilse Aichingers *Spiegelgeschichte*

Verfasser: Alexander Bauerkämper

Inhaltsverzeichnis

1 Einleitung

Ilse Aichingers *Spiegelgeschichte*, die 1949 erstmals veröffentlicht wurde, ist eine Geschichte vom Sterben einer jungen Frau. In ihren letzten Zügen erlebt sie vor ihrem inneren Auge nochmal das eigene, mutterlose und durch eine misslungene Abtreibung beendete Leben. Ein relativ trivialer, bedauerlicherweise alltäglicher Stoff? Das ist schwer zu leugnen und wirft die Frage auf, weshalb die *Spiegelgeschichte* zu einem der „hervorragendsten Erfolge der modernen Kurzgeschichte" (ALDRIDGE 1988: 149) wurde.

„Nicht das, was sie erzählt, sondern wie Ilse Aichinger erzählt, bringt der *Spiegelgeschichte* das Prädikat ‚Meisterwerk' ein" (GERLACH 2002: 297): Das im Nahtoderlebnis dargestellte Leben der jungen Frau erfolgt nicht in der üblichen Form des Zeitraffers. Es handelt sich dabei nicht um eine Rekapitulation oder bloße Nacherzählung. In rückwärtsgewandter Richtung, wie im Spiegel also, durchlebt die Frau die Stationen ihres Lebens vom Ende her, kann so Abschied nehmen und sich mit ihren Fehlern versöhnen, bevor dann Tod und Geburt schließlich im gleichen Moment zusammenkommen. Diese außerordentliche zeitliche Struktur ist eine der wichtigsten, die *Spiegelgeschichte* konstituierenden Eigenheiten. Was die Erzählung also so einzigartig macht, ist vor allem ihre narrative Umsetzung, das Zusammenspiel bestimmter erzähltechnischer Darstellungsverfahren. Mit anderen Worten, das ‚Was' der Geschichte wird für den Lesenden erst durch das ‚Wie' gekonnt aufbereitet und ermöglicht uns so neue Perspektiven.[1] Die vorliegende Arbeit will einen Blick auf eben diese Erkenntnis werfen. Natürlich, und das wird sich auch in dieser Arbeit zeigen, können ‚Wie' und ‚Was', beziehungsweise deren Interpretation, niemals ganz isoliert voneinander untersucht werden.

Wir unterscheiden seit GENETTE (1998: 16) zwischen drei Ebenen eines narrativen Textes: *Geschichte*, *Erzählung* und *Narration*[2]. Eine umfangreiche Textanalyse bedeutet, die Verhältnisbeziehungen zwischen diesen Ebenen zu untersuchen. In diesem Sinne möchten wir uns im Folgenden der *Spiegelgeschichte* nähern, wobei

---

[1] Natürlich handelt es sich bei der *Spiegelgeschichte* um „mehr als eine Kuriosität der Erzähltechnik" (GERLACH 2002: 297). Sie ist vielmehr das Ergebnis einer meisterhaften „Verschmelzung von Stoff und Form" (GERLACH 2002: 298).

[2] Narratologische Begrifflichkeiten, die wir im Sinne Gérard Genettes verstehen, werden bei erster Erwähnung kursiv gedruckt. Wir gehen davon aus, dass dem Leser die Überlegungen aus *Die Erzählung* (GENETTE 1998) bekannt sind, weshalb diese Begriffe hier nicht nachgewiesen werden und deren Definition nicht mehr diskutiert werden soll. Begriffe wie ‚Erzählung' oder ‚Geschichte' können auch in ihrer allgemeineren Bedeutung ‚Erzähltext' o.ä. vorkommen.

4

wir unseren Überlegungen das genette'sche Beschreibungsmodell, beziehungsweise seine Verwendung bei MARTINEZ/SCHEFFEL (2007: 30 ff.) zugrundelegen
werden.

Dabei werden wir uns auf die genette'schen Kategorien *Stimme* und *Zeit*
konzentrieren, da diese in der *Spiegelgeschichte* besonders eindrücklich zur
Geltung kommen. Es ergibt sich damit folgende Vorgehensweise: In einem ersten
Schritt soll die Erzählsituation in der *Spiegelgeschichte* geklärt werden, die
Eigenschaften der Stimme also sollen umrissen werden. Um die Erzählstimme
einzugrenzen werden auch Aspekte der Kategorie *Modus* eingebracht werden.
Danach befassen wir uns mit dem strukturellen Aufbau der Erzählung, wo die
Kategorie der Zeit im Mittelpunkt steht.

2 Stimme – Zur Erzählsituation in der *Spiegelgeschichte*

Die *Spiegelgeschichte* besticht unter anderem durch ihre außergewöhnliche und
nicht hundertprozentig greifbare Erzählinstanz. Erzählt wird in Form des
präsentischen *gleichzeitigen Erzählens*. Die Protagonistin wird dabei in der „Du"-
Anredeform direkt angesprochen, oft auch im Imperativ („Warte noch! […] Geh
jetzt!", 66)[3]. Die Erzählstimme offenbart ihre Identität nicht, was einen enormen
Raum für zahlreiche Interpretationsmöglichkeiten eröffnet. Die Sekundärliteratur
diksutiert zwei grundlegende Möglichkeiten: Handelt es sich bei der Erzählerfigur
um eine äußere, die junge Frau ansprechende Figur oder ist es die Heldin
persönlich, die sich in einer Art Monolog selbst anspricht? Darüber hinaus wird
versucht, zu bestimmen, wer oder was diese ‚äußere Figur' sein könnte[4].
Uns sollte es hier nicht darum gehen, eine bestimmte Erzähler*figur* festzumachen.
Es sollte vielmehr mit Hilfe der genette'schen Termini die vorherrschende
Erzähl*situation* beschrieben werden, ohne sich auf interpretatorische Odysseen zu
begeben. Es zeigt sich jedoch bei der Frage nach *extra-* bzw. *intradiegetischem*
sowie *homo-* oder *heterodiegetischem* Erzählen, dass dies nur schwer zu
entscheiden ist, ohne interpretierende Annahmen einzubeziehen.
Es sollen nun verschiedene Möglichkeiten vorgestellt und am Text gezeigt
werden, um am Ende zu einer sinnvollen Entscheidung zu gelangen.

---

[3] Ich zitiere die *Spiegelgeschichte* nach ihrem Druck in der von Richard Reichensperger
herausgegebenen Ausgabe des Erzählbandes „Der Gefesselte" (AICHINGER: 2005). Seitenzahlen
werden in dieser Arbeit in Klammern an Zitate aus der Erzählung angehängt.

[4] Eine Aufzählung verschiedener Positionen findet sich bei COLCLASURE (1999: 68 f.).

2.1 Erster Anlauf

Eine erste Möglichkeit ist, anzunehmen, es handele sich um einen extradiegetisch-heterodiegetischen Erzähler, weil er weder in der Welt des rückwärts erzählten Lebens der Heldin noch in der von den Umstehenden kommentierten Wirklichkeit auftaucht. Nimmt man diese Möglichkeit an, dann liegt hier eine Überschreitung der Ebenen (*Metalepse*) vor, da der extradiegetische Erzähler eine intradiegetische Instanz, die Hauptfigur, anspricht (vgl. MARTINEZ/SCHEFFEL 2007: 88 f.). Der teilweise sehr einfühlsame, warme Erzählton in der „Du"-Anredeform erzeugt das Bild einer der Heldin sehr nahestehenden Erzählinstanz. Die Stimme kennt die Lebensgeschichte der jungen Frau und kann innerhalb ihrer Nahtodphantasie Aussagen über das Wissen der Protagonistin bzw. ihres Geliebten formulieren: „ohne es zu wissen, dass ihr euch trennt" (72), „Nun wißt ihr voneinander nicht einmal mehr die Namen" (71). Empfindungen und Gedanken der Protagonistin verbleiben tendenziell unerwähnt und werden vielmehr über die Atmosphäre transportiert. An wenigen Stellen werden explizite Aussagen über Gefühle gemacht („daß du ihn [...] zu lieben beginnst", 71), wobei diese meist in einem eher extern fokalisierten Modus erscheinen („So trennt ihr euch, ohne einander nur noch einmal anzuschauen, ganz ohne Schmerz", 72). Ähnliches gilt auch für die Darstellung der anderen Figuren: die Alte „weiß nicht, was sie tut" (68), „zwei kleine Jungen am Straßenrand wetten um ihre Ehre" (47), der Vikar „wird am Ende nicht mehr wissen, ob er schon begonnen hat" (63) und wir erfahren, dass es das erste Begräbnis eben jenes Geistlichen sei, weshalb er „vor Verlegenheit viel Glück [wünscht]" (63) und dabei „errötet bis zum Hals hinunter" (63).

Es handelt sich also um eine Erzählinstanz, die auf der Ebene der Traumvorstellung der Protagonistin, Wissen über mehrere Figuren sowie über die vermeintliche Zukunft[5] hat. Zumeist vermeidet es die Erzählstimme aber, aus dem *nullfokalisierten* in einen *intern fokalisierten Modus* zu wechseln und beschreibt stattdessen relativ ausgiebig und in neutralem Ton die äußeren Begebenheiten, die das Geschehen umgeben. Damit beweist sie innerhalb dieser Traumlogik auktoriale Fähigkeiten und erzeugt so eine gewisse Distanz zur Heldin. Diese Distanz vergrößert sich im Verlauf der Erzählung und wird am Ende deutlicher, als zu Beginn, ein Effekt, der vor allem durch die erhöhte, zeitraffende Erzählgeschwindigkeit und vermehrte Zeitsprünge erzeugt wird.

---

[5] Ich beziehe mich hier auf den Abschnitt, der davon erzählt, was nach dem Tod der Frau passiert.

2. 2 Zweiter Anlauf

Da die Stimme also mehr Wissen äußert als die Heldin selbst haben kann, müsste man dies als starken Hinweis darauf verstehen, dass die Protagonistin nicht auch die Erzählstimme sein kann. Dieses Argument ist allerdings sehr problematisch, da es die Tatsache ausblendet, dass es sich bei der Handlungsebene des rückwärts-erzählten Lebens der Protagonistin eben nicht um eine reale Tatsache sondern um ein Traumgebilde handelt. Die Kürze und Redundanz der von der Wirklichkeit der Sterbenden in die Traumwelt brechenden Anteile an der Erzählung lassen uns das schnell vergessen. Somit besteht wiederum doch die Möglichkeit, dass die Heldin selbst die Erzählstimme in ihrem Nahtoderlebnis sein könnte. Eine Erzählstimme, die womöglich in der Realität nicht das Wissen um die innere Beschaffenheit des Vikars, des jungen Mannes oder der Alten hätte, auf der Ebene des Traumes aber diese Grenzen überschreiten kann.

Am sinnvollsten scheint es mir, den Traum als Erzählung in der Erzählung aufzufassen. Wir erfahren nichts über die Ebene der Realität, als das, was durch die Augen und Ohren der Sterbenden in das Traumgeschehen gelangt: Dieses Wissen beschränkt sich auf die Kommentare des umstehenden Krankenhaus-personals („die in ihren hellen Hauben", 69), die immer wieder den bevor-stehenden Tod beschwören. Man müsste dann auch hier wieder von einer narrativen Metalepse sprechen, da Teile der äußeren Erzählung (‚Wirklichkeit im Krankenhaus') in die der inneren Erzählung (‚Traum') eindringen.

Bei einem solchen Vorgehen müsste man natürlich eine Erzählstimme für die äußere, sowie eine für die innere Erzählung bestimmen. Über erstere ist es uns unmöglich etwas zu sagen, wobei dies auch nicht unbedingt notwendig ist. Wir müssen uns schlicht damit abfinden, dass die Wirklichkeit, so wie sie uns in den wenigen Sätzen dargestellt wird, auch existiert und, dass wir aber nur zu einem begrenzten Wissen über sie gelangen, da alles, was außerhalb des Traumes liegt, nicht zu unserer Erzählung gehört und allemal verschwommen zu uns dringt. Die für uns relevante Stimme in der *Spiegelgeschichte* befände sich dann in jedem Fall auf einer intradiegetischen Ebene und erzählte uns den Traum der jungen Frau. Es liegt nahe, die Erzählstimme des Traumes der im Sterben liegenden jungen Frau auf der Ebene der Wirklichkeit zuzuordnen, auch wenn diese natürlich nicht wissen kann, was mit ihr nach dem Tod passieren wird, wie ihre Geburt genau abgelaufen ist oder, ob die Alte von Ungeborenen träumt oder nicht. Doch das sollte uns nicht stören, da sie ja einen Traum erzählt. Damit hätte man eine intradiegetisch-homodiegetische beziehungsweise intradiegetisch-*autodiegetische* Stimme, also ein *erzählendes Ich* auf dem Sterbebett und ein *erzähltes Ich*[6], das ein Leben rückwärts erlebt.

2.3 Synthese

Beide besprochenen Lösungen scheinen relativ exakt und verwaschen zugleich. Ich will versuchen, diese beiden zusammenzuführen, um so meiner Vorstellung von der Erzählinstanz noch näher zu kommen. Ich denke, man muss die Ambivalenz der Stimme in der *Spiegelgeschichte* anerkennen. Sie ist meiner Meinung nach nicht bloß ambivalent sondern in gewisser Weise allumfassend. Was bedeutet das? Wie gezeigt wurde kann die Erzählstimme als der jungen Frau zugehörig verstanden werden. Zugleich würde ich sie aber einer transzendenten Sphäre zuordnen. Mit Genette wäre sie dann auto- bzw. homodiegetisch *und* heterodiegetisch zugleich. Mag das nun auch nicht präziser klingen, als die vorangehenden Vorschläge, ich möchte diese Überlegung kurz aufgreifen und ausbauen.

Die Stimme wäre dann ein Teil der Heldin, der sich um die Unsterblichkeit der Seele bewusst ist, ein Teil, der das Wissen über Zukunft und Vergangenheit hat und über die Grenzen dieses Lebens hinausgehen wird. Wichtig ist hierbei zu bemerken, dass ich nicht davon ausgehe, dass am Ende der Erzählung der faktische Tod der Protagonistin nur mit dem imaginativen Moment der Geburt zusammenfällt. Ich meine vielmehr zu erkennen, dass es sich um die Beschreibung einer Reinkarnation handelt, der Eintritt in ein neues Leben. Natürlich ist das reine Interpretation und ich werde es auch an dieser Stelle unterlassen, meine Argumente für diese Annahme in extenso auszubreiten. Es sei aber darauf hingewiesen, dass man unter der Prämisse der Reinkarnation von einer Spaltung der Protagonistenfigur ausgehen kann, die uns unsere Erzählstimme relativ exakt verorten lässt: Es gibt erstens das sterbende, körperliche und bewusst(seins)lose Ich der Heldin. Zweitens das erlebende, doch meist passiv und äußerlich verbleibende Traum-Ich. Und es gibt drittens das erzählende, beobachtende, wissende Ich, unsere Erzählstimme. Dieses Ich erhält sich sein Bewusstsein bis zum Schluss: es kann sowohl über die Geburt des erlebenden Ichs als auch über

---

[6] Vgl. GENETTE (1998: 181). Zu erwähnen wäre auch die Unterscheidung zwischen *konsonanter* und *dissonanter* Form einer autodiegetischen Erzählung (vgl. COHN 1978: 145-161). In der *Spiegelgeschichte* handelt es sich dann um eine recht stark dissonante Form.

den von den Pflegern verkündeten Tod des sterbenden, körperlichen Ichs („sie ist tot!", 74) hinaus erzählen („Still! Laß sie reden!", 74) und damit die Erzählung beschließen. Vielleicht könnte man diese Stimme als so etwas wie die Seele selbst verstehen, die hier zu Wort kommt.

3 Zeit: Zum zeitlich-strukturellen Aufbau der *Spiegelgeschichte*

Wie bereits angeklungen, werden wir in der *Spiegelgeschichte* mit einer komplexen Struktur konfrontiert, die vor allem durch die Anwesenheit der zwei parallel verlaufenden Handlungsebenen (‚Todeskampf' und ‚Fiebertraum') bestimmt wird. Es entstehen dabei verschiedene *Anachronien*, die es zu untersuchen gilt. Wir analysieren also im folgenden Abschnitt die zeitlich-strukturelle *Ordnung* der *Spiegelgeschichte*. Dabei soll im Sinne GENETTES (vgl. 1998: 16 ff.) das Verhältnis zwischen der Chronologie der Geschichte und deren Darstellung in der Erzählung untersucht werden.

Die *Spiegelgeschichte* steht ganz im Zeichen ihres Titels: Der Spiegel steht nicht bloß auf inhaltlicher, symbolischer Ebene im Zentrum der Erzählung, er ist auch für ihre äußere Struktur und die Art und Weise, wie erzählt wird, maßgebend. Konkret bedeutet das zum einen, dass weite Teile der *Spiegelgeschichte* rücklaufend erzählt werden: es wird alles gespiegelt dargestellt, auf den Herbst folgt der Sommer und Gesagtes wird nach dem Aussprechen zu Verschwiegenem. Diese umgekehrte Chronologie wird teilweise durch vorwärtsgerichtete Szenen durchbrochen, bestimmte Ereignisse gehorchen einer neuen Kausalität oder können schlicht nicht in einem Rückwärts-Modus vorkommen. So schüttelt der Vikar dem jungen Mann die Hand und „wünscht ihm vor Verlegenheit viel Glück" (63) oder einer der Sargträger flucht, „weil die Nägel zu fest eingeschlagen sind" (65). Wir wollen uns hier aber vornehmlich darauf konzentrieren, den zeitlich-strukturellen Aufbau der *Spiegelgeschichte* auf einer Makroebene zu untersuchen.

> [Die *Spiegelgeschichte*] erzählt in wenigen Sätzen vom Sterben einer jungen Frau und vergegenwärtigt in diesem Rahmen auf einer zweiten Ebene, mit Hilfe einer rückwärts erzählten Analepse von großer Reichweite und Umfang, das gesamte Leben dieser Frau, so daß am Ende der Erzählung Geburt und Tod unmittelbar zusammenfallen. (MARTINEZ/SCHEFFEL 2007: 38)

Mit dieser Aussage treffen Martinez/Scheffel den Kernpunkt der zeitlichen Ordnung der *Spiegelgeschichte*. In der Tat besteht der Großteil der Erzählung aus einer rückwärts erzählten *Analepse* von großer *Reichweite* und *Umfang*, die an vier Stellen durch die Kommentare des Pflegepersonals unterbrochen wird. Allerdings unterschlagen Martinez/Scheffel dabei unter anderem die ersten Abschnitte, in denen geschildert wird, was nach dem Tod der jungen Frau mit ihrem Körper passiert und was, wenn man den Todeskampf als *Basiserzählung* annimmt, keine Analepse sein kann.

Ich komme nach einer Analyse der zeitlichen Ordnung zu folgender Struktur[7]:

(A5) (B5/4) C4 (D3) E4 (F2) G4 (H1) I4

Die Einheiten C4, E4, G4 und I4 stehen für die vier Bemerkungen des Krankenhauspersonals und formen unsere Basiserzählung (‚Todeskampf‘). A5 und B5/4 sind *Prolepsen* und beinhalten die Zeit nach dem Tod der Protagonistin. D3, F2 und H1 sind die rückwärts erzählten Analepsen, die sich mit den Teilen der Basiserzählung abwechseln, bis dann am Ende Tod und Geburt zusammenfallen. Ich möchte nun erörtern, wie ich zu dieser Struktur komme und dies anhand des Textes nachweisen.

Die *Spiegelgeschichte* beginnt damit, dass die Tote im Bett aus dem Saal geschoben wird. Wie genau sie von dort zu ihrer Beerdigung gelangt, wo der Vikar mit seiner Leichenrede beginnt, erfahren wir nicht (63). Es liegt eine stark *zeitraffende Erzählweise* vor, die von kleineren *Ellipsen* durchsetzt ist. Abgeschlossen wird diese vorwärtsgerichtete, *externe, komplette*[8] Prolepse (A) mit der den Vikar betreffenden Bemerkung der Erzählstimme: „Wenn du ihn läßt, wird er am Ende nicht mehr wissen, ob er schon begonnen hat" (63). Diese Prolepse ist *homodiegetischer* Natur. Das gleiche gilt für alle anderen Anachronien der *Spiegelgeschichte*, weshalb ich im Folgenden darauf verzichten werde, jeweils darauf hinzuweisen.

Hier wird ein Schnitt vollzogen und mit dem Zeichen des Vikars an die Träger (63) wird auch das Zeichen dafür gegeben, dass wir uns ab jetzt auf der entgegengesetzten Richtung auf der Zeitschiene befinden; es wird rückwärts

---

[7] Im Anhang findet sich noch einmal eine erklärende Variante der Strukturformel der zeitlichen Ordnung der *Spiegelgeschichte* (s. Anhang 6.3) sowie ein schematischer Überblick ihres strukturellen Aufbaus (6.4). Desweiteren habe ich eine Übersichtstabelle der chronologischen Abfolge der Geschichte (6.2) und deren Reihenfolge der Darstellung in der Erzählung (6.1) zum besseren Verständnis angehängt.

[8] Ich gehe davon aus, dass diese Prolepse direkt an den Tod der Frau, also die Basiserzählung anschließt, womit man sie als komplett bezeichnen kann, da der Todeskampf nur relativ kurze Zeit umfassen dürfte.

erzählt. Zusammen mit der im Sarg liegenden jungen Frau erleben wir die ‚Begräbniszeremonie‘, begleiten sie im Leichenwagen in die Leichenhalle und erfahren, wie sie wieder in ihr Sterbebett gelegt wird, wo es dann zu ihrer ‚Auferstehung‘ kommt, bevor diese Prolepse (B) durch den ersten Kommentar der umstehenden Personen beendet wird. Besonders an dieser ist, dass sie erstens den gesamten Zeitraum der ersten Prolepse (A) beinhaltet und in rückwärtsgewandter Richtung darstellt. Damit hat sie bezüglich der ersten Prolepse einen *repetitiven* Charakter. Die zweite Besonderheit ist ihre Reichweite: Sie ist eine *gemischte*[9] Prolepse, da sie außerhalb der Zeitspanne der Basiserzählung beginnt, aber bis in diese hineinreicht und sie in repetitiver bzw. vorwegnehmender Weise in sich aufnimmt, indem uns der Todeskampf im Rückwärts-Modus als eine Art von Auferstehung geschildert wird.

Auf diese Prolepse folgt der erste Teil der Basiserzählung (C), welcher natürlich vorwärts erzählt wird.

Gleich darauf wird an das vorhergehende, in der Prolepse geschilderte Geschehen angeknüpft und von dort aus, im Leben der jungen Frau weiter zurückgehend, weitererzählt. Da wir uns nun aber in einem Zeitraum *vor* der Zeitspanne der Basiserzählung befinden, bezeichnen wir den folgenden Abschnitt als Analepse. Sie schließt direkt an die Basiserzählung an, ist also eine externe, komplette Analepse (D). Wir erfahren darin, wie die Protagonistin aus dem Krankenhaus nach Hause in ihr eigenes Bett kommt, wo sie sieben Tage verbleibt um danach zur Alten in die Hafengasse geht. Von ihr fordert die junge Frau: „‘Mach mir mein Kind wieder lebendig!‘“ (68), woraufhin die Alte im Spiegel dieser Forderung nachkommt. Anschließend kommt es zum ‚Abschiednehmen‘ vom jungen Mann und uns wird in *iterativer* Form („von da ab geht ihr viele Male den Strand hinauf“, 69) von den Spaziergängen des jungen Paares erzählt.

Hier melden sich ein weiteres Mal die Umstehenden aus der Basiserzählung zu Wort (E).

Die folgende Analepse erzählt vom Tag, an dem das Kind gezeugt wurde, von der Freundschaft zum jungen Mann und wie sich das junge Paar immer weiter zu kennen verlernt. Damit liegt hier eine externe, *partielle* Analepse (F) vor.

---

[9] Diesen gemischten Charakter will ich dadurch verdeutlichen, dass ich der Prolepse (B) in der Strukturformel die beiden Zeitstufen 4/5 zuordne. Sie umfasst beide Zeitstufen, die vierte und fünfte.

Es folgt der dritte Einschub der Basiserzählung (G). Es sei bald zu Ende, meinen „die hinter dir" (71).

Die letzte Analepse (H) umfasst den Zeitraum vom ersten Treffen mit dem jungen Mann, über die Schul- und Kindheit bis zur Geburt. Ich stufe diese Analepse als extern und partiell ein. Eine nähere Betrachtung kann uns jedoch stutzen machen: Die extreme Verdichtung in den letzten Zeilen der *Spiegelgeschichte* durch stark geraffte Erzählweise kulminiert schließlich dahingehend, dass der Eindruck von Gleichzeitigkeit von Geburt und Tod entsteht. Hinzu kommt, dass die Darstellung der Geburt nicht wie der Rest dieser Analepse rückwärts- sondern vorwärtsgerichtet ist: „Du kommst zur Welt, […] du regst dich in der Sonne, du bist da, du lebst. Dein Vater beugt sich über dich. ‚Es ist zu Ende-', sagen die hinter dir, ‚sie ist tot!' Still! Laß sie reden!" (74). Wenn man hier wiederum die Interpretation des Schlusses als Schilderung einer Reinkarnation in ein neues Leben bedenkt, dann dürfte man diese vorwärtsgewandte Geburtsszene nicht als Analepse bezeichnen. Vielmehr müsste man sie dann als Teil der Basiserzählung verstehen oder sie, um ihrer Ambiguität gerecht zu werden, gar als Mischform aus beidem bezeichnen, wodurch der Kreis zum zyklischen Weltbild der Reinkarnation geschlossen würde.

Es erscheint mir jedoch sinnvoller, im Zusammenhang dieser Strukturanalyse auf derlei zu verzichten, was bedeutet, dass ich den Moment der Geburt zur externen, partiellen Analepse (H) zähle.

Geht man so vor, dann bleibt nun nur noch, die letzte Bemerkung aus dem Kreise der Umstehenden (I) zu erwähnen, mit welcher die Basiserzählung und zugleich die *Spiegelgeschichte* beschlossen wird.

Damit ergibt sich das Bild einer relativ gleichmäßigen zeitlichen Ordnung, die mit raffinierten Überschneidungen angereichert ist. An dieser Stelle möchte ich nochmal auf die ausführliche Darstellung der Strukturformel (s. Anhang 6.3) hinweisen. Dort kann man anhand der Pfeile schnell erkennen, dass sich die Erzählrichtung, also ob vorwärts oder rückwärts erzählt wird, von Anfang bis zum Ende hin regelmäßig abwechselt.

4 Schlussbemerkung

Wie gezeigt wurde, zeugt Ilse Aichingers *Spiegelgeschichte* nicht nur unter interpretatorischen sondern vor allem auch unter narratologischen Gesichtspunkten

12

von einer außergewöhnlichen Vielschichtigkeit. Wir haben versucht, verschiedene Ansätze zur Frage nach der Erzählstimme in der *Spiegelgeschichte* sowie den zeitlich-strukturellen Aufbau der Erzählung herauszuarbeiten. Bei dieser Analyse stellte sich heraus, dass vor allem durch die Aufteilung der Erzählung in zwei Erzählebenen (,Sterben' und ,Traum'), die Erzählstimme an besonderer Komplexität gewinnt.

Ich möchte diese Erkenntnis zum Abschluss noch einmal aufgreifen, um mögliche Ansätze für weiterführende Überlegungen zu liefern.

Wir haben erkannt, dass in der *Spiegelgeschichte* grundsätzlich die Frage gestellt werden muss, wie man den Fiebertraum einordnen will, wenn man eine narratologische Erzähltextanalyse vornimmt. Es handelt sich um einen Traum, ein Wahnvorstellung also. Im vorhergehenden Kapitel haben wir diese Wahnvorstellung als eine besondere Form der Nacherzählung des Lebens der jungen Frau verstanden und sie somit, was ihren Wahrheitscharakter angeht, auf eine Ebene mit jenem Teil der Erzählung, der die Wirklichkeit der sterbenden Frau umfasst, gestellt. So konnten wir die Teile der Traumvorstellung als Pro- bzw. Analepsen der Basiserzählung einordnen.

Dieses Vorgehen ist natürlich durchaus sinnvoll, doch ist noch einmal zu verdeutlichen: Die Traumebene ist eine Wahnvorstellung, ist innerhalb der fiktiven Erzählung fiktiv. Sie beinhaltet Aspekte der ungeschehenen Zukunft, sie weist explizite Brüche zur Wirklichkeit auf[10] und passiert im Grunde genommen *gleichzeitig* mit der Wirklichkeit, was vor allem am Ende manifest wird. Damit, könnte man behaupten, *kann* der Traum also nicht Anachronie der Wirklichkeit sein, weil er eben ein Traum ist und somit kein zuverlässiges Abbild des tatsächlichen Lebens der Heldin sein kann.

Als Titel dieser Arbeit habe ich „Erzählen im Spiegel" gewählt, um damit zu verdeutlichen, dass hier das Erzählen, also die Art und Weise des Erzählens in der *Spiegelgeschichte* untersucht und reflektiert werden sollte. Die Genialität, die hinter dieser Erzählung steckt kann dafür sorgen, dass man, wie der Vikar, am Ende nicht mehr recht weiß, ob man noch am Anfang ist; man verliert sich in der Erzählung. Will man der *Spiegelgeschichte* ,einen Spiegel vorhalten' um sie

---

[10] Beispielsweise ,erwacht' die Protagonistin im Traum alleine, „so allein, dass du die Augen aufschlägst" (66). Wir wissen jedoch, dass sie in Wirklichkeit während ihres Todeskampfes vom Krankenhauspersonal umgeben ist.

besser durchschauen zu können so treffen zwei Spiegel aufeinander und bilden einander in scheinbar endloser Vervielfältigung ab. Ich hoffe, es konnte gezeigt werden, dass es diese Tiefgründigkeit auf allen Ebenen der Erzählkunst ist, was diese Geschichte ausmacht und mir zu einem Faszinosum gemacht hat.

5 Bibliographie

Primärliteratur:

AICHINGER, ILSE (2005): „Spiegelgeschichte", in: Reichensperger, Richard [Hg.]: *Ilse Aichinger. Der Gefesselte. Erzählungen 1 (1948-1952).* 6. Auflage, Frankfurt am Main, S.63-74.

Sekundärliteratur:

ALDRIDGE, MAURICE (1988): „Spiegelgeschichte: A linguistic Analysis", in: *International Review of Applied Linguistics in Language Teaching [IRAL].* 26, 2 (1988), S. 149-166.

COHN, DORRIT (1978): *Transparent Minds. Narrative Modes for Presenting Consciousness in Fiction.* Princeton.

COLCLASURE, DAVID L. (1999): „Erzählkunst und Gesellschaftskritik in Ilse Aichingers *Spiegelgeschichte*: eine Neuinterpretation", in: *Modern Austrian literature.* 32, 1 (1999), S. 67-89.

GENETTE, GÉRARD (1998): *Die Erzählung.* 2. Auflage, München.

GERLACH, U. HENRY (2002): „Ilse Aichingers *Spiegelgeschichte*: eine einzigartige Erzählung", in: Gerlach, U. Henry: *Einwände und Einsichten. Revidierte Deutungen deutschsprachiger Literatur des 19. und 20. Jahrhunderts.* München, S. 283-298.

MARINEZ, M. / SCHEFFEL M. (2007): *Einführung in die Erzähltheorie.* 7. Auflage, München.

6 Anhang

6.1 Reihenfolge der Darstellung in der Erzählung

A) Kurz nach dem Tod im Bett, Begräbnis; Leichenrede [vorwärts erzählt]

B) Sarg wird wieder aus dem Grab geholt; Kapelle; Fahrt im Leichenwagen; Nacht in der Leichenhalle; vom Sarg ins Sterbebett [bis hier = A, aber rückwärts]; „Auferstehung"

C) Erste Bemerkung der Umstehenden: „'[…] der Todeskampf beginnt!'" (66)

D) Nach Hause; sieben Tage im eigenen Bett; bei der Alten in der Hafengasse; „Abtreibung"; „Abschiednehmen" vom jungen Mann; gemeinsame Spaziergänge

E) Zweite Bemerkung der Umstehenden: „'Das ist der Todeskampf!'" (69)

F) Der Tag, an dem das Kind gezeugt wird; Freundschaft zum jungen Mann

G) Dritte Bemerkung der Umstehenden: „'[…] es geht bald zu Ende'" (71)

H) Erstes Treffen mit dem Mann; Schulzeit; Spielen mit kleinen Brüdern; Kindheit; Tod der Mutter; das Verlernen; Geburt [vorwärts erzählt]

I) Vierte Bemerkung der Umstehenden: „'[…] sie ist tot!'" (74)

6.2 Chronologische Abfolge der Geschichte

1) Geburt; Kindheit; Tod der Mutter; Schulzeit, erstes Treffen mit dem Mann

2) Freundschaft zum jungen Mann; Verführung

3) Zeit vor der Abtreibung; Abtreibung; Abschiednehmen vom jungen Mann; im Sterbebett

4) Todeskampf (Bemerkungen der Umstehenden)

5) Nach dem Tod: Leichenhalle, Begräbnis

6.3 Strukturformel der zeitlichen Ordnung der *Spiegelgeschichte*

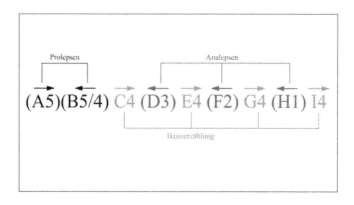

Basiserzählung: C4 – E4 – G4 – I4 [vorwärtsgerichtet]

A5: Prolepse, extern, komplett [vorwärtsgerichtet]
B5/4: Prolepse, gemischt, (komplett), repetitiver Charakter
[rückwärtsgerichtet]
D3 : Analepse, extern, komplett [rückwärtsgerichtet]
F2: Analepse, extern, partiell [rückwärtsgerichtet]
H1: Analepse, extern, partiell [rückwärtsgerichtet, bis auf Geburt]

… Alle Anachronien sind homodiegetisch!

6.4 Schematischer Überblick des strukturellen Aufbaus

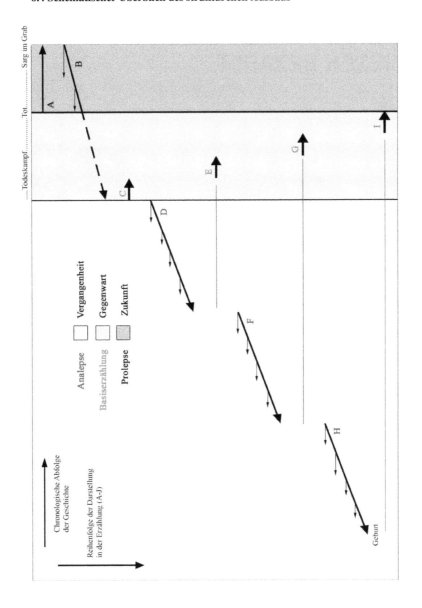